Man soll sich überall wohl fühlen, aber besonders zu Hause, weil man dort die meiste Zeit verbringt.

JANE AUSTEN

Du, wir wollen uns
tief küssen ...
Es pocht eine Sehnsucht
an die Welt, an der wir
sterben müssen.

ELSE LASKER-SCHÜLER

Wer rückwärts sieht,
gibt sich verloren;
wer lebt und leben will,
muss vorwärts sehen.

RICARDA HUCH

**Durch die Eltern
spricht die Natur
zuerst zu den Kindern.
Wehe den armen Geschöpfen,
wenn diese erste Sprache
kalt und lieblos ist!**

KAROLINE VON GÜNDERRODE

Und jetzt?
Ja, das weiß ich
noch nicht, jetzt muss
ich mich erst wieder
vom vielen
Schlafen erholen ...

FRANZISKA ZU REVENTLOW

Wenn man einem
Menschen
nur anfangs
unter die Arme greift,
dann geht alles
wie geschmiert.

FRANCES HODGSON BURNETT

Unsere Fehler
bleiben uns immer treu,
unsere guten Eigenschaften
machen alle Augenblicke
kleine Seitensprünge.

MARIE VON
EBNER-ESCHENBACH

**Halte dein Herz an der Leine
Das ist vernünftig, mein Sohn!
(Aber, ganz ehrlich: das meine
Lief mir noch immer davon.)**

MASCHA KALÉKO

**Es könnte sein,
dass die Welt selbst
ohne Sinn ist.**

———————

VIRGINIA WOOLF

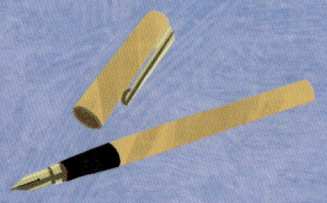

Die Vergangenheit war mir dahin!
Ich gehörte nur der Gegenwart.
Aber eine Sehnsucht war in mir,
die ihren Gegenstand nicht kannte,
ich suchte immer, aber jedes Gefundene
war nicht das Gesuchte, und sehnend trieb
ich mich umher im Unendlichen.

KAROLINE VON GÜNDERRODE

Zu meiner Höflichkeit
ist die ganze Welt berechtigt,
aber bessere Gesinnungen
müssen durch Tugenden
erworben werden.

SOPHIE VON LA ROCHE

Und was hinter den Türen des Lebens
geschieht, das ist nicht starr wie Säulen
einer Architektur, nicht vorgezeichnet
wie der Bau einer Symphonie,
nicht berechenbar wie eine Sternenbahn –
sondern es ist menschenhaft, flüchtiger
und schwerer zu greifen als Wolkenschatten,
die über eine Wiese wandern.

———————

VICKI BAUM

Ich stelle mir bei allen
Lebenslagen,
die mir peinlich sind,
gerne vor, dass ich nur
eine Rolle spiele.

FRANZISKA ZU REVENTLOW

**Welch edle Gabe, des Gebers würdig,
ist die Einbildungskraft! Sie nimmt
der Wirklichkeit ihren bleiernen Hauch,
sie umhüllt alle Gedanken und Empfindungen
mit einem strahlenden Schleier
und lockt uns aus den kalten Ozeanen
des Lebens in ihre Gärten, in die Lauben und
Lichtungen der Glückseligkeit.**

———————

MARY SHELLEY

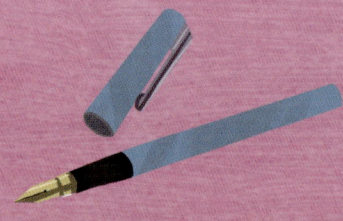

Unsere Taten
bestimmen uns,
genauso, wie wir
unsere Taten
bestimmen.

GEORGE ELIOT

Wir könnten heute noch im Paradies leben, wären wir Menschen einig untereinander.

ELSE LASKER-SCHÜLER

Die Frau! Die Frau,
ich weiß nicht,
weshalb Sie mir immer
von der Frau anfangen.
Ich jedenfalls habe nicht
das Gefühl,
dass meine Seele
ein Geschlecht hat.

———————

GEORGE SAND

Denn wer nach seiner Überzeugung handelt,
und sei sie noch so mangelhaft,
kann nie ganz zugrunde gehen,
wogegen nichts seelentötender wirkt
als gegen das innere Rechtsgefühl
das äußere Recht in Anspruch nehmen.

ANNETTE VON DROSTE-HÜLSHOFF

Versperrt eure
Bibliotheken,
wenn ihr wollt,
aber es gibt kein Tor,
kein Schloss und
keinen Riegel,
mit dem ihr
die Freiheit meines
Geistes einsperren
könnt.

———————————

VIRGINIA WOOLF

Lasst uns nur immer das Gute
ernstlich wollen und üben,
und uns darein ergeben,
wenn es anders wird, als wir dachten,
oder wenn aus unseren an sich
gleichgültigen Handlungen ein
unvorhergesehenes Übel entspringt.
Der Zukunft vorgreifen wollen,
ist vermessen.

JOHANNA SCHOPENHAUER

**Die Leute, denen man
nie widerspricht,
sind entweder die,
welche man am meisten
liebt, oder die,
welche man
am geringsten achtet.**

MARIE VON
EBNER-ESCHENBACH

Verstehen ist lieben; was wir nicht lieben, das verstehen wir nicht; was wir nicht verstehen, ist nicht für uns da.

BETTINE VON ARNIM

Es macht nur halb
so viel Vergnügen,
andere zu umschmeicheln
und nachzuahmen,
wenn man nicht umgekehrt
auch umschmeichelt und
nachgeahmt wird.

JANE AUSTEN

Ich will etwas Großartiges machen,
etwas Heldenhaftes und
Wundervolles, das nach meinem Tod
unvergessen bleibt.
Ich weiß noch nicht, was,
aber ich halte die Augen offen und
habe vor, euch alle eines Tages
in Staunen zu versetzen.

LOUISA MAY ALCOTT

Besser, ohne Logik, als ohne Gefühl zu sein.

CHARLOTTE BRONTË

Einen Blumenstrauß verschenken,
einem armen Menschen zuhören,
ein Kind erfreuen oder einem Menschen
durch Verstehen helfen, dasein für irgend-
einen, den Gott verließ und der sich auf
dieser schrecklichen Welt nicht mehr
zu trösten weiß, dem sie alle hinweggelaufen
sind, das sind die großen Dinge des Lebens!

HELENE BÖHLAU

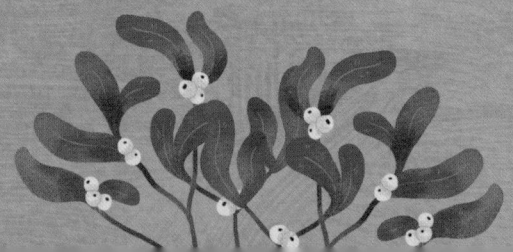

Sei nur immer gut,
gut und wahr und treu,
dann wirst du
keinem wehe tun, und
dein Leben wird vielen
zum Segen werden,
und die ganze, große,
weite Welt
wird ein wenig
besser.

FRANCES
HODGSON BURNETT

Was wir für unsere Motivationen
oder Beurteilungen halten,
wie sehr wir uns auch um das saubere
Netz ihrer Verknüpfung bemühen,
das erweist sich unter Umständen
als so belanglos für uns,
wie zwischen ein paar Zweigen
das Gespinst von Fäden des Altweiber-
sommers, das leisester Lufthauch
heranweht oder zerstreut.

———————————————

LOU ANDREAS-SALOMÉ

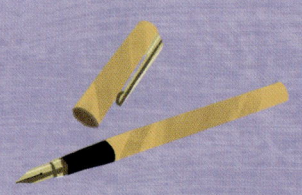

Alte Schmetterlinge müssen zu sterben wissen, solange die Sonne scheint!

SELMA LAGERLÖF

Bist du melancholisch,
siehst du nichts zu deinem Trost
um dich her – befreie dich
von einem anklebenden Fehler,
oder suche deinem Nebenmenschen
Gutes zu tun: so wird gewiss
die Traurigkeit von dir weichen.

SOPHIE VON LA ROCHE

Für alles Schöne, das vergeht,
bleibt eine Welt von Schönheit,
in die man eingehen kann.
Waren es nicht meine Augen,
die alles sahen, und mein Herz,
das alles fühlte, und behalte
ich nicht dieselben Augen
und dasselbe Herz in mir?

RICARDA HUCH

Anfangs weigern sich die Menschen
zu glauben, dass etwas Neues und Seltsames
möglich ist. Dann beginnen sie zu hoffen,
dass es möglich sein könnte. Schließlich
erkennen sie, dass es möglich ist – es wird getan,
und die ganze Welt wundert sich,
warum es nicht schon vor Jahrhunderten
getan wurde.

FRANCES HODGSON BURNETT

**Zwischen Liebenden
ist alles von Interesse,
und alles kann als
Überleitung dazu dienen,
was ihnen
am Herzen liegt.**

———

JANE AUSTEN

**Der Teufel ist
noch nicht gekommen.
Aber ich weiß,
dass er meistens kommt,
und ich erwarte ihn
voller Vorfreude.**

MARY MACLANE

Ich will Abenteuer, und ich geh jetzt los und such mir welche.

LOUISA MAY ALCOTT

Auf eignen Füßen stehen soll der Geist. Das ist bei mir eine unumstößliche Wahrheit, an der manches zerschellen muss, was dagegen anstößt.

BETTINE VON ARNIM

**Ich bin
ein Kontinent,
der eines Tages
stumm im Meere
versinkt.**

GERTRUD KOLMAR

Der Künstler muss gerade
durch eine Erfindung heraustreten
aus der gesetzten Welt,
die ihn beunruhigt, bedrückt,
ihn langweilt oder bestürzt.
Wer das nicht weiß,
kann selbst kaum Künstler sein.

GEORGE SAND

Wenn ich bei unserem Wiedersehen auch nur das kleinste Lächeln auf Deinen Lippen sehe und weiß, dass diese oder irgendeine andere Anstrengung meinerseits dazu beigetragen hat, dann brauche ich kein anderes Glück.

MARY SHELLEY

Was gibt es Größeres für zwei
menschliche Seelen, als zu fühlen,
dass sie fürs Leben verbunden sind –
einander zu stärken in aller Arbeit,
sich aufeinander zu stützen in allem Leid,
einander zu dienen in allem Schmerz,
miteinander eins zu sein in stummen,
unaussprechlichen Erinnerungen
im Augenblick des letzten Scheidens?

GEORGE ELIOT

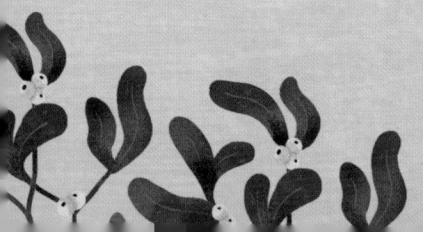

Frauen
verstehen
die Männer
besser,
als Männer –
die Frauen.

CHARLOTTE BRONTË

Lieben macht einsam.

VIRGINIA WOOLF

Wir sind für nichts so dankbar wie für Dankbarkeit.

MARIE VON
EBNER-ESCHENBACH

Ich wollt',
es sehnte auch die Seele sich aus dem Leib und käm' nicht wieder!

RICARDA HUCH

Die Frau wolle doch wenigstens die Illusion haben, dass sie liebt, wenn sie einem Manne angehört – meinte jemand, und die anderen stimmten ihm bei. Das ist hart, sehr hart. Schon das diktatorische: *die* Frau, *der* Mann. Wer sind diese Frau und dieser Mann?

FRANZISKA
ZU REVENTLOW

Alle Menschen müssen sterben. Ob man aber mit einem guten oder einem schlechten Gewissen stirbt, das liegt an einem selbst.

SELMA LAGERLÖF

Die Wissenschaft führt an
der Wirklichkeit des Lebens,
mit all seinen Farben,
all seiner Fülle,
seiner widerspruchsvollen
Mannigfaltigkeit,
völlig vorbei –
sie erhascht von alledem
nur eine ganz blasse,
dünne Silhouette.

LOU ANDREAS-SALOMÉ

Man schmeichelt
der Freundschaft,
wenn man ihr
sein Glück mitteilt,
man ehrt sie, wenn man
ihr Teil am Unglück
gönnen will.

BETTINE VON ARNIM

Vielleicht gibt es überhaupt keine ganzen Schicksale auf der Welt, nur das Ungefähre, Anfänge, die nicht fortgeführt werden, Schlusspunkte, denen nichts voranging. Vieles sieht aus wie Zufall und ist doch Gesetz.

VICKI BAUM

So war ich denn plötzlich
wie durch einen Zauberspruch
aus einem kleinen,
wenig beachteten Mädchen
eine erwachsene Mamsell geworden,
die allmählich die Entdeckung machte,
dass sie auch jemand sei.

———————————————

JOHANNA SCHOPENHAUER

**Denn wozu leben wir,
wenn nicht um unseren
Nachbarn Anlass
zum Lachen zu geben
und dafür umgekehrt
über sie zu lachen?**

———

JANE AUSTEN

Wie viel Schwanken und Quälen,
wie viel Seelenarbeit und Seelenwandlung
mag's geben, ehe ein Mensch sich so tief
in den andern hineinpflanzt – ja, so tief,
dass die beiden nun wirklich
aus einer Wurzel weiterwachsen müssen,
wenn sie gedeihen wollen.

———————————

LOU ANDREAS-SALOMÉ

Das Einzige,
was das Herz ruhig
und glücklich macht, ist:
gut miteinander
zu sein.

HELENE BÖHLAU

Aber, bitte, sagen Sie mir nicht wieder:
Sie bleiben immer jung –
es ist zwar angenehm zu hören,
aber die Frauen mit der ewigen Jugend
halte ich doch für einen Bluff.

FRANZISKA ZU REVENTLOW

Was heult ihr so
spät in der Nacht?
Heulen könnt ihr
noch morgen.

ELSE LASKER-SCHÜLER

Ach, ich möchte zuweilen meinen Mantel anziehen, meinen Hut aufsetzen und fortwandern, weit, weit fort ...

GERTRUD KOLMAR

Lassen Sie mich nur anfangen,
lassen Sie mich nur die Welt
an einer empfindlichen Stelle treffen,
und ich erobere sie im Sturm.
Lassen Sie mich nur
meine Sporen verdienen,
und dann werden Sie mich sehen –
weiblich, jung –, kühn auf
einem Schlachtross,
die Welt niederstürmend,
der Ruhm auf den Fersen
des Schlachtrosses,
und die Menge wird staunen
mit offenem Mund.

MARY MACLANE

**Nach dem Zeugnis derer,
die mich persönlich
näher kennen,
bin ich eine heitre,
anspruchslose
alte Frau, der man
im geselligen Umgange
die Schriftstellerin
gar nicht anmerkt.**

JOHANNA SCHOPENHAUER

Sei still, sei still
Und, hinter Wolken,
heiter.
Es geht vorüber;
Und es geht
auch weiter ...

MASCHA KALÉKO

Die meisten Menschen sind besser, als ihre Nachbarn denken.

GEORGE ELIOT

Der Lärm der Kinder
stört nicht. Gerade durch
ihr Spiel leben sie
in einer fiktiven Welt,
in die ihnen der Traum
folgen kann, ohne
dass die Realiät ihm ins
Gehege kommt.
Auch sie selbst gehören
in die Welt des Ideals,
so schlicht sind
ihre Gedanken.

—————

GEORGE SAND

**Mögen andere
sich von Blumen und Sonnenschein
erzählen lassen, ich wähle
die dunklen Nächte voller Spukgestalten
und Abenteuer, ich wähle
die harten Schicksale,
die schweren Leiden der von
heißer Leidenschaft erfüllten Herzen.**

———————

SELMA LAGERLÖF

Die Liebe hat nicht nur Rechte, sie hat auch immer Recht.

MARIE VON
EBNER-ESCHENBACH

In jedem Menschen gibt es ein Selbst,
eines, das lebt und sein eigenes
süßes, eitles, ein wenig
erschreckendes Wesen treibt,
nicht in der Tiefe und nicht
auf den Oberflächen, sondern
Gleich-Unter-Der-Haut.

———————

MARY MACLANE

Der Mensch,
der die Gewalt besaß,
uns *glauben* und *lieben*
zu machen, bleibt
zutiefst in uns
der königliche Mensch,
auch noch
als späterer Gegner.

LOU ANDREAS-SALOMÉ

**Mit dem Leben geht es,
wie es dem Schmetterlingsjäger
mit dem Schwalbenschwanz geht.
Wenn man ihn fortfliegen sieht,
ist er wunderbar. Wenn man ihn
gefangen hat, sind die Farben
abgegangen und die Flügel lädiert.**

———————

VICKI BAUM

Schließlich ist es tausendmal schade, nie auszusprechen, was man empfindet.

VIRGINIA WOOLF

Es gibt Männer, in die man nur richtig verliebt ist, wenn noch andere dabei sind.

FRANZISKA ZU REVENTLOW

Es ist nicht schwer,
durch dieses Leben
hinzugehen.
Es ist wohl schwer,
in diesem Leben
dazusein.

GERTRUD KOLMAR

Und ist nicht die Liebe
ein Geschenk Gottes?
Die Liebe und ihr Kind,
die Hoffnung, die der Armut
Reichtum verleihen kann,
den Schwachen Kraft
und den Leidenden Glück.

MARY SHELLEY

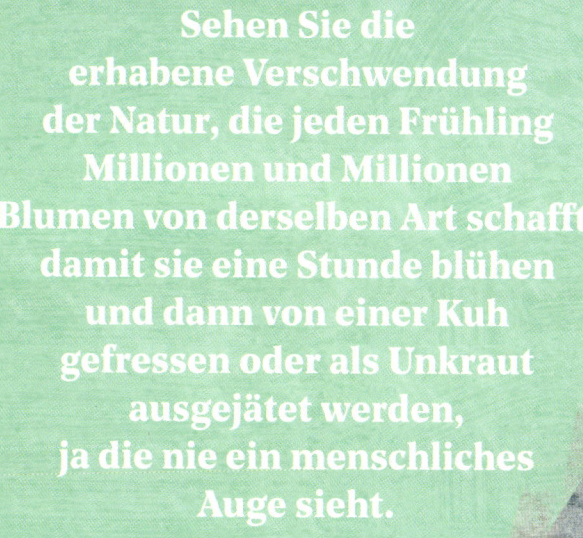

Sehen Sie die
erhabene Verschwendung
der Natur, die jeden Frühling
Millionen und Millionen
Blumen von derselben Art schafft,
damit sie eine Stunde blühen
und dann von einer Kuh
gefressen oder als Unkraut
ausgejätet werden,
ja die nie ein menschliches
Auge sieht.

RICARDA HUCH

Ein Streit zwischen wahren Freunden, wahren Liebenden bedeutet gar nichts. Gefährlich sind nur die Streitigkeiten zwischen Menschen, die einander nicht ganz verstehen.

MARIE VON EBNER-ESCHENBACH

Das Leben ist so eingerichtet, dass das Geschehende der Erwartung nicht entspricht, nicht entsprechen kann.

CHARLOTTE BRONTË

**Wenn du etwas Gutes
bei uns gelernt hast, Däumling,
dann bist du jetzt vielleicht
nicht mehr der Meinung,
dass es die Menschen
allein auf der Welt geben soll.**

———————————

SELMA LAGERLÖF

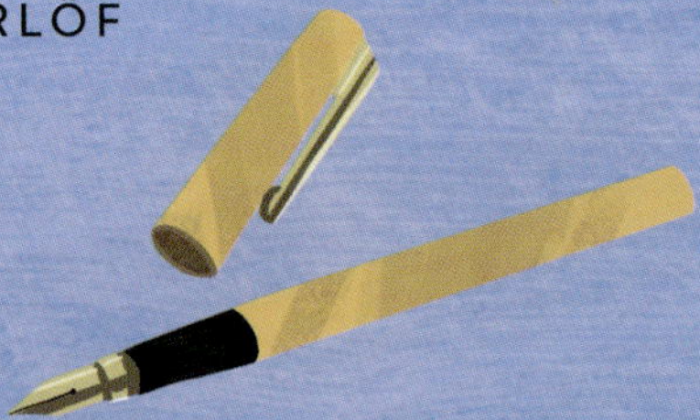

Was man
unter vier Augen sagt,
ist so gut, als ob man
gar nichts sagt –
außer in Liebesdingen –
ja dann – natürlich.
Aber alles andre ist gut,
wenn man
aller Welt es sagt.

HELENE BÖHLAU

Du hörst,
was spricht.
Vernimmst du auch,
was fühlt?

GERTRUD KOLMAR

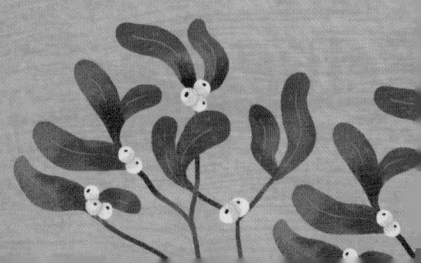

Ich bin nicht gut.
Ich bin nicht tugendhaft.
Ich bin nicht mitfühlend.
Ich bin nicht großzügig.
Ich bin nur und vor allem
ein Wesen intensiven,
leidenschaftlichen Gefühls.
Ich fühle – alles.
Das ist mein Genie.
Es brennt mich ab
wie ein Feuer.

———————————

MARY MACLANE

Was die Schelme nicht stehlen, das verderben die Narren.

ANNETTE VON DROSTE-HÜLSHOFF

Eine edle Seele
adelt alles,
was sie ist,
und was sie tut –
den Gebrauch
des Reichtums
und das Ertragen
des Mangels.

SOPHIE VON LA ROCHE

Selbst dort, wo die Zuneigung
nicht unbedingt auf so hohem
menschlichem Wert beruht,
üben die Gefährten unserer Kindheit
immer eine gewisse Macht über
unser Gemüt aus, die spätere Freunde
selten besitzen.

————————

MARY SHELLEY

Das ist mein Gelübde:
Freiheit von allen Banden,
und dass ich nur
dem Geist glauben will,
der Schönes offenbart,
der Seligkeit prophezeit.
Wär ich auf dem Thron,
so wollt ich die Welt
mit lachendem Mut
umwälzen.

———————

BETTINE VON ARNIM

**O ihr Sterne
aus dem finstern Haus,
kommt, lacht diese
tolle Sonne aus.**

GERTRUD KOLMAR

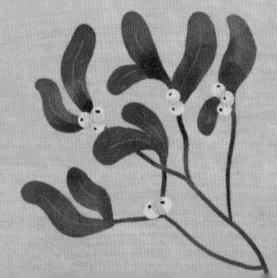

Ich bin kein Vogel,
und kein Netz
hält mich gefangen.
Ich bin ein freier
Mensch mit einem
unabhängigen
Willen.

CHARLOTTE BRONTË

**Gedanken sind
in der geistigen Welt,
was Empfindung in
der sinnlichen Welt ist.**

————————

BETTINE VON ARNIM

Ach, eine Mutter hat man einmal nur!

ANNETTE VON
DROSTE-HÜLSHOFF

Nichts macht uns feiger und gewissenloser als der Wunsch, von allen Menschen geliebt zu werden.

MARIE VON EBNER-ESCHENBACH

Sogar Vergnügen ist ermüdend.

JANE AUSTEN

Bevor wir nicht wissen,
welches die besondere Kombination
von äußeren und inneren
Gegebenheiten war oder sein wird,
die eines Menschen
kritische Handlungen ausmacht,
ist es besser, nicht zu meinen,
wir verstünden etwas
von seinem Charakter.

———————

GEORGE ELIOT

Denn Wunsch und Hoffnung
sind zu nahe verwandt,
als dass sie im Laufe des Lebens
nicht oft sollten eins für das
andere gehalten werden.

JOHANNA SCHOPENHAUER

Tanz ist der Schlüssel meiner Ahnungen von der andern Welt.

BETTINE VON ARNIM

Die positive Gegenwart
ist der kleinste
und flüchtigste Punkt;
indem du die Gegenwart
gewahr wirst,
ist sie schon vorüber,
das Bewusstsein des
Genusses liegt immer
in der Erinnerung.

KAROLINE VON GÜNDERRODE

Das Wesentliche weiß man entweder sofort oder gar nicht.

LOU ANDREAS-SALOMÉ

**Tiefere Einsicht
hat mich gelehrt,
dass stille Taten
der Seele, von denen
die Welt nichts weiß,
lebendiger und
größer sein können
als alles Wissen
dieser Welt.**

———————

HELENE BÖHLAU

Unternehme ich etwas
ungemein Nützliches und
Wohlüberlegtes, so gibt es sicher
den größten Unsinn.
Tue ich aber gänzlich
unzweckmäßige und
unüberlegte Dinge, dann
kommt etwas
Vernünftiges zustande.

———————

FRANZISKA ZU REVENTLOW

Ich bin weder siebzehn noch siebzig Jahre, habe keine Uhr und keine Zeit.

ELSE LASKER-SCHÜLER

Als sie die Droschken beobachtete, hatte sie das beständige Empfinden, draußen zu sein, draußen, weit draußen auf hoher See und allein; stets hatte sie das Gefühl, dass es sehr, sehr gefährlich war, auch nur einen Tag lang zu leben.

—————

VIRGINIA WOOLF

Ich will geliebt sein, oder ich will begriffen sein, das ist eins.

BETTINE VON ARNIM

Je mehr Geschmack Ihre Kinder
an der natürlichen Geschichte
unseres Erdbodens, je mehr Kenntnisse
sie von seinen Gewächsen, Nutzbarkeit
und Schönheit erlangen, je sanfter werden
ihre Gesinnungen, Leidenschaften
und Begierden sein.

SOPHIE VON LA ROCHE

Ich denke nicht;
es denkt in mir
So wie es blüht
und schneit
Ich schwebe
zwischen
Raum und Zeit
Es lebt in mir
die Ewigkeit.

MASCHA KALÉKO

Oh, ich bitte euch alle,
die ihr der Felder und Wiesen,
der Baumgüter und der geliebten,
freudebringenden Blumengärten
wartet, wartet ihrer recht!
Wartet ihrer mit Liebe, mit emsiger
Arbeit! Es ist nicht gut, wenn die
Natur über die Menschen klagt!

SELMA LAGERLÖF

Wohl mir!
dich und mich
hab ich gefunden.
Liebe hat
dem Chaos sich
entwunden.

KAROLINE VON
GÜNDERRODE

Die Neugier
des Zuhörers
beflügelt die Zunge
des Erzählers.

CHARLOTTE BRONTË

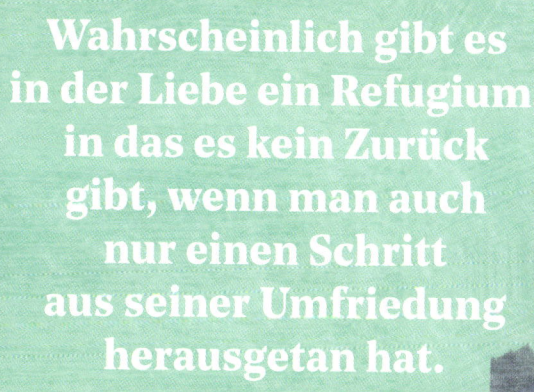

Wahrscheinlich gibt es in der Liebe ein Refugium, in das es kein Zurück gibt, wenn man auch nur einen Schritt aus seiner Umfriedung herausgetan hat.

GEORGE SAND

In der Kunst sollte streng gerichtet werden, strenger als bei einem Verbrechen.

HELENE BÖHLAU

Ich hasse gewöhnliche Leute!

LOUISA MAY ALCOTT

Eine Frau braucht Geld und ein Zimmer für sich allein, wenn sie Bücher schreiben möchte.

VIRGINIA WOOLF

Es ist gut, sich auf das Schlimmste einzustellen, aber man braucht es doch nicht gleich für unvermeidlich zu halten.

JANE AUSTEN

Der Gescheitere gibt nach! Ein unsterbliches Wort. Es begründet die Weltherrschaft der Dummheit.

MARIE VON EBNER-ESCHENBACH

Nichts in der Welt
stimmt so zur Freude,
wie die Dinge ringsum,
die ›leblosen‹,
wie man sie nennt,
die Formen und Farben,
und was weiß ich.
Nichts spricht so
verständlich und tut
so anspruchslos wohl.
Das ist die ›Dingfreude‹.

————————————

LOU ANDREAS-SALOMÉ

**Möglicherweise
gibt es eine Sprache,
die nicht aus Worten besteht
und die jeder
auf der Welt versteht.**

FRANCES HODGSON BURNETT

Es ist immer
verhängnisvoll,
wenn Musik
oder Poesie
unterbrochen
werden.

GEORGE ELIOT

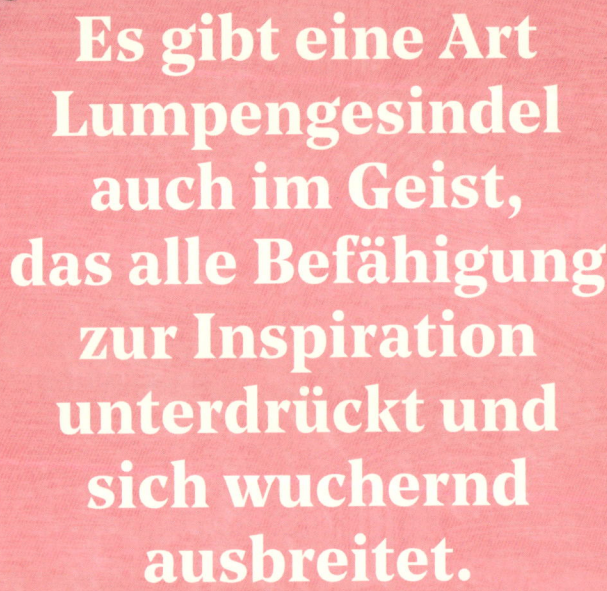

Es gibt eine Art
Lumpengesindel
auch im Geist,
das alle Befähigung
zur Inspiration
unterdrückt und
sich wuchernd
ausbreitet.

BETTINE VON ARNIM

Drückst du
die Hand –
drück nicht
zu traut,
eh du gefragt
des Herzens
Schauer.

ANNETTE
VON DROSTE-
HÜLSHOFF

Treue Liebe kann zwischen
Menschen von sehr verschiedenem,
dauernde Freundschaft nur
zwischen Menschen von gleichem
Werte bestehen. Aus diesem Grunde
ist die zweite viel seltener
als die erste.

MARIE VON EBNER-ESCHENBACH

Glaub mir, dass ich,
was auch kommen mag,
nicht unglücklich,
nicht verzweifelt sein werde,
weil ich weiß, dass ich
den Weg gehe, der mir von
innen her bestimmt ist …

GERTRUD KOLMAR

Es gibt auf der Welt nichts
ohne einen Anteil des Bösen.
Es ist in der Literatur;
es ist in jeder Kunst – in Bildern –
in Plastiken – sogar in der Musik.
Das Element des Bösen ist in mir.

MARY MACLANE

**Der Frühling
ist da und eilt
vorüber, ehe man
Zeit gehabt hat,
sich seiner
recht zu erfreuen.**

JOHANNA SCHOPENHAUER

Über die Schriftstellerinnen

Textnachweise und Druckvorlagen

Louisa May Alcott (1832–1888), amerikanische Schriftstellerin
(1) *Ich will etwas Großartiges ...* (2) *Ich will Abenteuer ...* (3) *Ich hasse ...* Aus: *Little Women*. Übers. von Monika Baark. Stuttgart: Reclam, 2021. (1) S. 176; (2) S. 60; (3) S. 399.

Lou Andreas-Salomé (1861–1937), russisch-deutsche Schriftstellerin und Psychoanalytikerin
(1) *Was wir für ...* (2) *Der Mensch ...* (3) *Das Wesentliche ...* Aus: *Lebensrückblick. Grundriß einiger Lebenserinnerungen*. (1) S. 202; (2) S. 33; (3) S. 77 f. • (4) *Die Wissenschaft führt ...* (5) *Wie viel Schwanken ...* Aus: *Fenitschka. Eine Sommererzählung*. Stuttgart: Reclam, 2021. (4) S. 21; (5) S. 110. • (6) *Nichts in der Welt ...* Aus: *Menschenkinder. Novellencyklus*. Stuttgart: J. G. Cotta'sche Buchhandlung, 1899. S. 23.

Bettine von Arnim (1785–1859), deutsche Schriftstellerin und Komponistin
(1) *Verstehen ist ...* (2) *Gedanken sind ...* (3) *Ich will geliebt ...* (4) *Es gibt ...* Aus: »Goethe's Briefwechsel mit einem Kinde – ›Tagebuch‹«. In: *Werke und Briefe*. Band 3. Frechen: Bartmann-Verlag, 1959. (1) S. 307; (2) S. 307; (3) S. 319; (4) S. 361. • (5) *Auf eignen Füßen ...* Aus: »Dies Buch gehört dem König«. In: *»Der Tanz meiner Gedanken«. Aphorismen und Sentenzen*. Hrsg. von Wolfgang Bunzel und Petra Heymach, Stuttgart. Reclam, 2023. S. 21. • (6) *Man schmeichelt ...* Aus: »An Achim von Arnim ... 9. Oktober 1808. In: *»Der Tanz meiner Gedanken« Aphorismen und Sentenzen*. Hrsg. von Wolfgang Bunzel und Petra Heymach, Stuttgart: Reclam, 2023. S. 17. • (7) *Das ist mein ...* Aus: »Goethe's Briefwechsel mit einem Kinde«. In: *Werke und Briefe*. Band 2. Frechen: Bartmann-Verlag, 1959. S. 222. • (8) *Tanz ist ...* Aus: »Die Günderrode«. In: *Ein Lesebuch*. Hrsg. von Christa Bürger und Birgitt Diefenbach. Stuttgart: Reclam, 1987. S. 84.

Jane Austen (1775–1817), englische Schriftstellerin

(1) *Es macht nur halb* … Aus: *Überredung*. Übers. von Ursula und Christian Grawe. Stuttgart: Reclam, 2022. S. 306. • (2) *Zwischen Liebenden* … (3) *Sogar Vergnügen* … Aus: *Emma*. Übers. von Ursula und Christian Grawe. Stuttgart: Reclam, 2022. (2) S. 107; (3) S. 455. • (4) *Denn wozu leben wir* … (5) *Es ist gut* … Aus: *Stolz und Vorurteil*. Übers. von Ursula und Christian Grawe. Stuttgart: Reclam, 2020. (4) S. 412; (5) 324. • (6) *Man soll sich überall* … Aus: *Kloster Northanger*. Übers. von Ursula und Christian Grawe. Stuttgart: Reclam, 2016. S. 270.

Vicki Baum (1888–1960), österreichische Schriftstellerin

(1) *Und was* … (2) *Mit dem Leben* … (3) *Vielleicht gibt es* … Aus: *Menschen im Hotel*. Berlin: Ullstein Verlag, 1929. (1), (2) und (3) S. 309 f. – © 1929, Ullstein Verlag, Berlin. © 1988, 200ww2, 2007, Verlag Kiepenheuer & Witsch, Köln.

Helene Böhlau (1856–1940), deutsche Schriftstellerin

(1) *Einen Blumenstrauß verschenken* … Aus: »Das Haus zur Flamm'«. In: *Die Neue Rundschau* 18 (1907) H. 1. S. 437. • (2) *Das Einzige* … Aus: *Ratsmädelgeschichten*. Minden i. W.: J. C. C. Bruns., 1888. S. 198. • (3) *Was man unter* … Aus: *Halbtier!* Berlin: W. F. Fontane & Co., 1902. • (4) *Tiefere Einsicht* … Aus: *Geistiges und Künstlerisches München in Selbstbiographien*. Hrsg. von Wilhelm Zils. München: Kellerer, 1913. • (5) *In der Kunst* … Aus: *Der Rangierbahnhof*. Berlin: Egon Fleischel & Co., 1908. S. 87.

Charlotte Brontë (1816–1855) , englische Schriftstellerin

(1) *Besser, ohne Logik* … Aus: *Der Professor*. Übers. von Dr. Büchele. Stuttgart: Frank'sche Verlagshandlung, 1858. S. 287. • (2) *Frauen verstehen* … Aus: *Shirley. A Tale*. Band 2. London: Smith, Elder and Co., 1849. S. 210. • (3) *Das Leben ist* … Aus: *Villette*. Dritter Teil. Übers. von U. Diezmann. Berlin: Duncker & Humblot, 1853. S. 100. • (4) *Ich bin kein Vogel* … (5) *Die Neugier* … Aus: *Jane Eyre. Eine Autobiografie*. Übers. von Ingrid Rein. Stuttgart: Reclam, 2020. (4) S. 372; (5) S. 290.

Annette von Droste-Hülshoff (1797–1848), deutsche Schriftstellerin und Komponistin

(1) *Denn wer* … (2) *Was die Schelme* … (3) *Drückst du* … Aus: *Die Judenbuche. Ein Sittengemälde aus dem gebirgigten Westfalen*. Stuttgart: Reclam, 2014. (1) S. 4; (2) S. 40; (3) S. 13. • (4) *Ach, eine Mutter* … Aus: »Der Brief aus der Heimath«. In: *Gedichte*. Stuttgart/ Tübingen: J. G. Cotta'scher Verlag, 1844. S. 135.

Marie von Ebner-Eschenbach (1830–1916), österreichische Schriftstellerin

(1) *Unsere Fehler* … (2) *Die Leute, denen man* … (3) *Wir sind für* … (4) *Treue Liebe* … (5) *Die Liebe hat* … (6) *Ein Streit zwischen* … (7) *Nichts macht uns* … (8) *Der Gescheitere* … Aus: *Es gibt kein Wunder für den, der sich nicht wundern kann. Aphorismen*. Stuttgart: Reclam, 2021. (1) S. 69; (2) S. 9; (3) S. 40; (4) S. 22; (5) S. 13; (6) S. 24; (7) S. 72; (8) S. 7.

George Eliot (d. i. Mary Ann Evans, 1819–1880), englische Schriftstellerin, Übersetzerin und Journalistin

(1) *Unsere Taten* … (2) *Bevor wir nicht* … (3) *Was gibt es Größeres* … Aus: *Adam Bede*. Übers. von Eva-Maria König. Stuttgart: Reclam, 2022. (1) und (2) S. 405; (3) S. 686. • (4) *Die meisten Menschen* … (5) *Es ist immer* … Aus: *Middlemarch*. London/Edinburgh 1871.

Karoline von Günderrode (1780–1806), deutsche Dichterin der Romantik
(1) *Die Vergangenheit* … (2) *Die positive Gegenwart* … (3) *Wohl mir!* … (4) *Durch die Eltern* … Aus: *Gedichte, Briefe, Prosa.* Hrsg. von Hannelore Schlaffer. Stuttgart: Reclam, 1998. (1) S. 28; (2) S. 19; (3) S. 44; (4) S. 77.

Frances Hodgson Burnett (1849–1924), britisch-amerikanische Schriftstellerin
(1) *Wenn man einem Menschen* … (2) *Sei nur immer gut* … Aus: *Der kleine Lord.* Stuttgart: Reclam, 2022. (1) S. 35; (2) S. 99. (3) *Anfangs weigern sich* … Aus: *The Secret Garden.* New York: Frederick A. Stokes Company, 1911. S. 353. • (4) *Möglicherweise gibt es* … Aus: *A Little Princess.* New York: Charles Scribner' Sons, 1905.

Ricarda Huch (1864–1947), deutsche Schriftstellerin und Historikerin
(1) *Für alles Schöne* … (2) *Sehen Sie* … (3) *Wer rückwärts* … Aus: *Vita somnium breve.* Leipzig: Insel Verlag, 1904. (1) S. 144; (2) S. 128; (3) S. 144. [Moderner Titel: *Michael Unger.*] • (5) *Ich wollt'* … Aus: »Der Teufel soll die Sehnsucht holen«. In: *Gedichte.* Dresden 1891.

Mascha Kaléko (1907–1975), deutschsprachige Dichterin
(1) *Halte dein Herz* … (2) *Sei still* … (3) *Ich denke* … Aus: *Sämtliche Werke und Briefe in vier Bänden.* Band I: *Werke.* München: Deutscher Taschenbuch Verlag, 2012. (1) S. 675; (2) S. 673; (3) S. 673. – © 2012 dtv Verlagsgesellschaft, München.

Gertrud Kolmar (1894–1943), deutsche Lyrikerin und Schriftstellerin
(1) *Ich bin ein Kontinent* … (2) *Es ist nicht schwer* … (3) *Du hörst* … (4) *O ihr Sterne* … Aus: *Das lyrische Werk.* München: Kösel, 1960. (1) »Die Unerschlossene«, S. 13; (2) »Die Erzieherin«, S. 116; (3) »Die Dichterin«, S. 10; »Der schöne Abend«, S. 275. • (5) *Ach, ich möchte* … (6) *Glaub mir* … Aus: *Briefe an die Schwester Hilde (1938–1943).* Hrsg. von Johanna Zeitler. München: Kösel, 1970.

Selma Lagerlöf (1858–1940), schwedische Schriftstellerin
(1) Alte Schmetterlinge … (2) Mögen andere … (3) Oh, ich bitte euch … Aus: Gösta Berling. München: Deutscher Taschenbuch Verlag, 1997. (1) S. 32; (2) S. 224; (3) S. 84.

Sophie von La Roche (1730–1807), deutsche Schriftstellerin und Salonnière
(1) *Zu meiner Höflichkeit* … (2) *Bist du melancholisch* … (3) *Je mehr Geschmack* … Aus: Geschichte des Fräuleins von Sternheim. Hrsg. von Barbara Becker-Cantarino. Stuttgart: Reclam, 2023. (1) S. 153; (2) S. 206; (3) S. 158. • (4) *Eine edle Seele* … Aus: *Rosaliens Briefe an ihre Freundin Mariane von St.**.* Altenburg: Richtersche Buchhandlung, 1780. S. 462.

Else Lasker-Schüler (1869–1945), deutsche Dichterin
(1) *Wir könnten heute* … Aus: »Als die Bäume mich wiedersahen …« In: *Neue Zürcher Zeitung* 156 (1935) Nr. 1141. 30. Juni 1935. Erste Sonntagausgabe. Literarische Beilage. Blatt 4. • (2) *Was heult ihr* … Aus: *Die Wupper.* Stuttgart: Reclam, 2016. S. 19 • (3) *Ich bin weder* … Aus: »Etwas von mir«. In: *Führende Frauen Europas. Neue Folge. In fünfundzwanzig Selbstschilderungen.* Hrsg. von Elga Kern. München: Ernst Reinhardt, 1930. S. 14 l. • (4) *Da wir wollen* … Aus: »Weltende«. In: *Die Gedichte.* Hrsg. von Gabriele Sander. Stuttgart, Reclam, 2020. S. 21.

Mary MacLane (1881–1929), kanadisch-amerikanische Schriftstellerin

(1) *Der Teufel ist* ... (2) *Lassen Sie mich* ... (3) *Ich bin nicht* ... (4) *Es gibt auf der Welt* ... Aus: *Ich erwarte die Ankunft des Teufels.* Übers. von Ann Cotten. Stuttgart: Reclam, 2020. (1) S. 22; (2) S. 21; (3) S. 175; (4) S. 126. • (4) *In jedem Menschen* ... Aus: *Ich. Aufzeichnungen aus meinem Menschenleben*. Übers. von Mirko Bonné und Ulrike Draesner. Stuttgart: Reclam, 2021. S. 9.

Franziska zu Reventlow, deutsche Schriftstellerin, Übersetzerin und Malerin

(1871–1918) (1) *Ich stelle mir* ... (2) *Die Frau wolle* ... (3) *Aber, bitte* ... (4) *Es gibt Männer* ... (5) *Unternehme ich etwas* ... (6) *Und jetzt?* ... Aus: *Von Paul zu Pedro. Amouresken*. Stuttgart: Reclam, 2021. (1) S. 88, (2) S. 13 f.; (3) S. 87; (4) S. 74; (5) S. 96; (6) S. 94.

George Sand (d. i. Amantine Aurore Lucile Dupin de Francueil, 1804–1876), französische Schriftstellerin

(1) *Die Frau!* ... (2) *Der Künstler muss* ... (3) *Der Lärm der Kinder* ... (4) *Wahrscheinlich gibt es* ... Aus: *Gabriel. Ein Dialogroman*. Übers. von Elsbeth Ranke. Stuttgart: Reclam, 2022. (1) S. 17; (2) S. 7; (3) S. 7; (4) S. 102.

Johanna Schopenhauer (1766–1838), deutsche Schriftstellerin und Salonnière

(1) *Lasst uns nur immer* ... Aus: *Gabriele. Ein Roman*. Zweiter Teil. Leipzig 1821. S. 29. • (2) *So war ich denn* ... (3) *Nach dem Zeugnis* ... (4) *Der Frühling* ... Aus: *Jugendleben und Wanderbilder*. Braunschweig: Westermann, 1839. (2) S. 191; (3) S. 8; (4) S. 55. • (5) *Denn Wunsch und Hoffnung* ... Aus: *Gabriele. Ein Roman*. Erster Teil. Leipzig 1821. S. 163.

Mary Shelley (1797–1851), englische Schriftstellerin

(1) *Welch edle Gabe* ... (2) *Und ist nicht* ... Aus: *Der letzte Mensch*. Übers. von Irina Philippi. Stuttgart: Reclam, 2021. (1) und (2) S. 91. • (3) *Wenn ich* ... (4) *Selbst dort, wo* ... Aus: *Frankenstein. Oder der moderne Prometheus*. Übers. von Ursula und Christian Grawe. Stuttgart: Reclam, 2018. (3) S. 253; (4) S. 285.

Virginia Woolf (1882–1941), englische Schriftstellerin und Verlegerin

(1) *Es könnte sein* ... (2) *Lieben macht* ... (3) *Schließlich ist es* ... (4) *Als sie die Droschken* ... Aus: *Mrs Dalloway*. Übers. von Hans-Christian Oeser. Stuttgart: Reclam, 2023. (1) S. 99; (2) S. 27; (3) S. 129; (4) S. 10. • (5) *Versperrt eure Bibliotheken* ... (6) *Eine Frau braucht* ... Aus: *Ein Zimmer für sich allein*. Übers. von Axel Monte. Stuttgart: Reclam, 2012. (5) S. 104; (6) S. 6. Christa Bürger und Birgitt Diefenbach. Stuttgart: Reclam, 1987. S. 84.